Una clase de escritura

Una clase de escritura

Primera edición: marzo de 2025

© 2025, Javier Hernando Herráez

Diseño de la cubierta: Javier Tortosa / Democràcia Estudio

Maquetación: Arcadio Mardomingo

© 2025, de la presente edición en castellano para todo el mundo:
Ediciones La uÑa RoTa, S. L.
Apartado de correos 380
40080 Segovia
Correo electrónico: ediciones@larota.es
www.larota.es

ISBN: 978-84-18782-67-1
Depósito legal: SG 24-2025

Impresión: Villena Artes Gráficas
Printed in Spain – Impreso en España

Una clase de escritura. *Javier Hernando Herráez*

Ediciones La uÑa RoTa
Colección Libros Inútiles

Con Rocío.

A mí me parece un oficio muy hermoso –el más hermoso de todos– pero muy modesto, como el de pintor de carros o contador de historias, o como el de un profeta como Jonás, que es tan poquita cosa. Tan poquita, que se lo tragó un pez sin darse cuenta, y lo devolvió después.

José Jiménez Lozano. *La luz de una candela.*

Y es que la escritura –continúa Serres– es el trazo de todos los seres, vivos y no vivos, que escriben todos «sobre las cosas y entre ellos, las cosas del mundo, unas sobre otras». El océano escribe sobre el acantilado rocoso, las bacterias escriben sobre nuestro cuerpo, todo está dado para ser leído, fósiles, erosiones, estratos, luz de las galaxias, cristalización de las rocas volcánicas… Leímos antes de escribir, y esta posibilidad abre la escritura a muchos otros registros, «como conjunto de trazos que codifican un sentido».

Vinciane Despret. *Habitar como un pájaro.*

prueba de sonido

ey, ey, sí, ey
ey, sí, ey
buenos días, uno,
dos, tres, ey, sí, ey,
hola, sí, ey,
¿funciona?, no funciona;
probando uno, dos, tres, ey,
cuatro, cinco, sí, ey,
ey, sí, ey, pues
mejor así, sí, ey,
que suene solo
por dentro

una clase de escritura

es un perro y te come,
es lo que dicen
cuando encuentras
por fin algo
que estuviste buscando
mucho tiempo,
aunque siempre estuvo
al alcance de tu mano;
sin saber qué
ni quién
lo hizo ahora posible
una nueva atención
lo descubre
y le da forma;
estos apuntes
y notas sueltas
quiero que sean así:
que al pasar
a su lado,
distraída,
al menos ladren

esta palabra
que sea un espacio,
que pueda ser una medida,
que aquí se estire,
que la palabra bosque
ocupe entera un bosque
y la palabra estrella
sea antorcha de una noche,
que nos habite,
que la palabra manzana
sea una fruta
y su materia la carne del pensamiento,
que puedas ver esta palabra
—la palabra luz,
la palabra anillo—
y después de verla
la atravieses

no viene
y cuando viene
no para
y cuando para
está en silencio
y si habla
es invisible
y si dice
entre las cosas
se camufla

mi interior
se hizo exterior
y el exterior
entró en mí
para habitarme,
yo era el espacio
y pequeñas hierbas
me crecían dentro,
era todo
y todo estaba en mí,
había desaparecido
y ahora aparecía
en cada una
de las cosas,
estoy completo,
entero,
sin mí

debajo de la lengua
tengo un jardín de espinas,
los pájaros vienen
a picotear las moras
y de paso desordenan
y se llevan las palabras,
en ese ir y venir
el aire
mueve una extensión
de cada uno de nosotros,
es la polinización,
cada vez que hablo
otros hablan por mí,
por eso hablo poco,
aunque hoy
sí tengo ganas
de que escuchéis esto:

es el sonido que hacen
peleándose por la fruta

si pudiera ser otra cosa
más parecida a lo que siento,
a un trozo de sandía
que después de pasar
la mañana
dentro de un pozo
se abre
roja y fría
al calor del verano

¿no es este decir
tan ancho,
que asume todo
como propio,
abierto al descubrimiento
y a las lilas,
que mezcla tiempos
y mezcla espacios,
no es algo así
el hacer de las palabras,
ese fijarse
en una pequeña cosa
y elaborar
una teoría cada mañana
que,
sin querer ser verdadera,
da sentido,
por un instante,
al mundo?

sentado
en los bancos de una iglesia,
sin dirigirse
a nadie en concreto,
muy bajito,
dice,
leí tanto
y tan desordenadamente,
estuve tantas veces
con la boca cerrada
conversando
con sus palabras
dentro de mi cabeza
mientras otros
eran los que hablaban,
que ahora,
al rezar,
creo que oigo
respuestas

estaba esperándote
desde hacía años,
el pasto y el vino
han crecido en mi boca,
están aquí
tus amapolas
y tus significantes,
está aquí
mi desobediencia
y mi desamparo,
ya todo es justo
y claridad,
el viento es justo,
la fruta del árbol
y la culebra son justas,
qué plenitud
esta gran soledad minúscula

este es el río más bello
de todos los ríos
que pasan por mi cabeza,
respondió,
luego dio una gran bocanada
como un pez
que lleva tiempo
fuera del agua
y continuó,
tengo ríos más grandes,
más o menos caudalosos,
incluso ríos más claros,
pero este es el río más bello
de todos cuantos pasan
por mi cabeza,
en él despido a los muertos
y doy la bienvenida a los niños,
a veces es subterráneo,
otras atraviesa lugares difíciles,
está lleno de truchas
y lo desconozco
en gran medida,
dijo después de una pausa
en la que esta vez
no pareció tomar aire,
es por eso por lo que

de todos todos todos
los ríos que tengo en la cabeza,
remarcó señalándose
la cabeza con un dedo,
este es el río
el río más bello

se acercó
y sin decir una palabra
supe
lo que no se atrevía
a decirme,
tanto ellas saben
que yo no sé,
porque ellas saben
y yo quiero
seguir sabiendo,
al menos sobrellevar,
sobrellevarme,
jugar a un juego sencillo
que se haga con los dedos
o reírme
como el niño
que antes de descubrir
que tiene pies,
antes de empezar a hablar,
está descalzo en el jardín
sin distinguir
entre él
y la hierba verde

escribo y es como un rezar,
escribió
en la última página del libro,
entro en una iglesia
tan caída como mi infancia
y lo único que veo
es una alfombra
que es la piel
de un melocotón gigante,
no soy la primera que está aquí
y tampoco seré la última,
aún puedo hablar,
multiplicarme

aprender a vestir las cosas,
dijo el profesor
mientras recomendaba
la lectura del diccionario
con un viejo diccionario
haciendo equilibrios
sobre su cabeza,
y la alumna,
sentada en la última fila,
con las gafas de sol puestas
porque había pasado
una mala noche,
apuntó en su cuaderno,
en la primera página
de la parte de atrás,
torcida y lentamente,
aprender a vestir las cosas
para poder
verlas desnudas

no puedo,
dijo tocándose la pupila
con la yema del dedo,
es superior a mí,
me siento a la intemperie,
transparente
o mentiroso,
se vuelve todo
demasiado quebradizo,
difícil,
no puedo escribir
si dentro de mi cabeza
no pasa un río
por donde baja un tronco
al que yo voy sujeto,
terminó de decir
sosteniendo ya
su ojo en el dedo

cómo se prueba
el viento
la ropa que está secándose
en la cuerda de tender,
la hincha,
le sienta
rematadamente bien,
como un guante,
pero prefiere,
después de haberla arrugado,
seguir su camino desnudo,
nos dice,
se va

ahí va;
atravesando,
se detiene y salta,
para al borde
y coge una florecilla,
se clava la espina
de una zarza,
sale del camino,
con una distracción meditada
va por donde
nadie le llama,
regresa y da una vuelta
sobre sí mismo
que es una vuelta entera
al mundo
de los mundos
de las pequeñas cosas,
come fruta y come hueso,
va dejando
gotitas de sangre,
va al origen
yendo al futuro
y viceversa,
sabe que nunca llega
y que solo no es nada,
espera,

escucha cuando
los pájaros callan,
se relaciona con la luz
y con su falta,
no tiene miedo,
no sabe,
avanza,
se detiene,
estando en su sitio
se mueve,
usa lapicero;
el poema
—o soy yo—
a la búsqueda
de sentido

conozco solo su nombre,
pero las cosas
conocen su silencio,
todo
es mejor que yo,
todo
me ha superado,
incluso lo más pequeño
es grande
si lo comparas conmigo,
está bien,
hay cristal transparente
y vidrieras
y cucharillas que brillan,
el gato descansa,
después de comer,
sobre flores blancas

imagina
un idioma de cosas
y no de palabras,
en el que para nombrar
una flor
haya que tener la flor
entre las manos,
donde cada flor
que se nombra
es una palabra nueva
e irrepetible,
porque esa flor es la palabra
y no hay otra,
igual que la botella
que se llena de agua
hasta la mitad
para colocar la flor
es esa y no es otra,
un idioma
que haga de las circunstancias
la clave de su sentido,
que calla mucho,
de palabras únicas,
donde participa el tacto
y su diccionario
es un almacén

que se llama mundo
y las definiciones
son innecesarias
pues cada palabra
se ve,
se toca,
se puede probar,
solo podría nombrarse
lo que estuviera
a nuestro alcance,
los poetas serían inventores
y, en vez de en bibliotecas,
algunos vivirían
en talleres de escultura
y los lingüistas
sabrían de química
y de geología
mucho más de lo que saben ahora,
imagina entonces,
en ese mundo,
que alguien
saltándose las normas
del idioma
dice una palabra teniendo
las manos vacías,
dice, por ejemplo,
belleza,
y todo lo que le rodea

se hace bello
en un momento,
una belleza de manos vacías,
diferente a cuando
vuelva a nombrase,
que entra la luz
y te fijas cómo la luz entra
y en lo que la luz
hace con las cosas,
imagina
esta vez
que yo dijese lectora,
haciendo
un cuenco
con las manos
y, de algún modo,
aparecieses
entre las cosas del cuarto
ocupando algo más
que una idea
tantas veces repetida,
de ese idioma
me gustaría
que estuviese hecha
esta clase de escritura

una mujer,
hace bastante tiempo,
fue y dijo,
yo quiero que las nubes
sean a imagen y semejanza mía
y fue así,
según recogen los libros,
como se inventó
por primera vez
la imaginación;
tuvo entonces la imaginación
el poder de cambiar las cosas
y las nubes
nunca jamás
volvieron a ser nubes,
sino que fueron señoras,
animales, frutas
verdes y maduras,
incluso se afirmó
que eran vapor
y pertenecían al ciclo del agua;
se las puso nombre,
algunas fueron conocidas
como cumulonimbus
y otras respondían al nombre
de Rocío o de algodón,

fue solo un poco más tarde
cuando se empezó
a creer en las palabras
y se dejó
de creer en las nubes,
al entrañar éstas
más problemas teológicos;
con las palabras es más fácil
poner una
en lugar de otra,
en cambio a una nube
a ver quién la alcanza,
son realmente escurridizas,
más problemas hubo
y mucho más graves
cuando las palabras,
olvidadas de ser nube,
pasaron de huesecillo a fósil;

la imaginación se inventó
en un ejercicio de imaginación
de una mujer que
hace bastante tiempo
quiso ser como una nube
o que las nubes fueran como ella,
que, aunque no es lo mismo,
tanto da en este caso,
y luego salió corriendo

a crear ideas y creer en ellas,
surgió la idea de dios,
por poner un ejemplo,
o la idea de que hay guerras
que se hacen por justicia,
también se crearon
las ideas del orden y del desorden
o la más peligrosa de todas,
que no me apetece nombrar,
pero suena como cascabeles
en el bolsillo de un jinete;

lo malo de las ideas
es cuando ellas mismas olvidan
que son palabras
nacidas en la imaginación
y que la imaginación
las puede cambiar,
y es peor todavía cuando no recuerdan
que fueron nubes
de formas y precipitaciones
variables, incógnitas;

es un movimiento constante
el de las nubes
que se abre y no se cierra
como un plan
que se renueva

nada más ponerse en marcha,
como el cantar de un grillo
que no necesita destino
para ser una noche de verano,

cuando la imaginación
ya no puede imaginar
la idea del gato dormido en un sofá,
antes de que los gatos
aceptaran vivir en casas
y existieran los sofás, claro,
es solo un decir,
porque ya sé que existen
los gatos y los sofás
y los gatos dormidos en los sofás,
pero, como te iba diciendo,
robaron las nubes
y, por tanto,
la manera
de decir las cosas nuevas,
sabiéndose inacabadas siempre;
y la imaginación dejó de ser
imagen y semejanza de una mujer
que quiso ser nube
para ser
algo dado que nos dan,
un cubo lleno
de cemento seco;

fue bonito
mientras supimos
que la tarea del sentido
no se hace una vez y ya está
porque aquella mujer,
aunque no digan nada de esto
en aquellos libros,
solo quiso ser parte,
una más,
de aquello que veía y la rodeaba,
no quería ser lenguaje
ni idea,
quería serlo todo sin distancia,
nube y fruta,
río y abeja;

bendita imaginación
si hace cambiar el estado de las cosas,
benditas palabras
si nos dejan creer
que hay otras ideas por llegar
y nos empujan a ellas,
benditas las nubes
que nos precedieron
y todas sus formas,
y nuevamente bendita la imaginación,
el lazo que por siempre
nos unió a las nubes

una palabra
no es solo
una palabra,
puede ser una realidad,
un mundo,
puede poner en un libro
una planta, un río
o abrir un agujero
por donde se cuele un pensamiento
que sin ser nada
nos regale la planta, el río
o el mundo,
y sin ser nuestro nada de eso,
ni río
ni planta
ni mundo,
nos deje cuidarlo,
compartirlo,
curiosearlo,
y sin ser un olor la palabra
puede serlo también,
y sin ser un sabor
puede ser un recuerdo,
pero esto
rara vez
lo hace una palabra sola,

lo hace una palabra
con otra y otra y otra
e inventan
el tiempo y el espacio
y el tiempo y el espacio
de la conciencia
y juntan cosas
que las cosas no juntan,
un pájaro frente a mí,
el sonido de una flauta,
el interior más interior de la cueva,
pero si hace calor,
por mucho que queramos,
no baja la temperatura
la palabra,
aunque nos dé el consuelo
del aire fresco

¿lo único que nos diferencia
de una planta,
pregunta el niño
sacando la cabeza,
después de haber estado
escuchando a su tío
bajo el agua;
es que ellas se secan
con la palabra agua
y nosotros,

tú que estás ahí
hablando solo
sin saber que yo te escucho,
podemos saciarnos
un poco,
aunque solo será un poco
porque poco es lo que importan
las palabras
a las ciencias de la tierra,
a la biología
y aun menos al verano?

toda palabra es
un conjuro,
duda el tío sorprendido,
disimulando el orgullo
del que sabe que no habla solo
igual que hacen aquellos
que dicen conservar la fe;
o un acto de la imaginación,
si lo prefieres,
que nos necesita
para que las nubes del vocabulario
sobrevuelen la realidad
y pueda llevarse a cabo,
y apenas sin ser
están haciendo,
las palabras,

incluso en su misterio
que nos hace analfabetos,
pero que da una forma
al río
a la planta
y al agujero,
es por eso
que antes te decía
que una palabra
es solo una palabra,
y está a nuestro servicio,
igual que una persona
es solo una persona,
pero muchas palabras juntas
igual que muchas personas juntas,
puestas al servicio del mundo,
¡ay, lo que pueden hacer!

entonces
me equivoco cuando pienso
que nada existe
para las personas
más allá de las relaciones,
que ellas crean
y articulan las palabras
y que una persona sola
es por eso la nada
y por eso el todo,
pero que el mundo,
mejor dicho, la realidad
son los vínculos
que hacen las cosas entre las cosas,
un espacio invisible
donde sucede lo que sucede,
una distancia
en la que hay que trabajar
continuamente,
que cambia, que se construye,
y las palabras,
esas cosas sin cuerpo,
son la materia
que nos descubre
aquello que antes no veíamos,
que la imaginación

es el cuerpo del pensamiento,
otro árbol que crece
en medio del bosque,

y me equivoco también
cuando creo
que aquellos pasatiempos
infantiles
de dibujar uniendo los puntos
son uno de los modelos
más sencillos
y por eso también más fiables
para explicar
fielmente
la realidad,
porque cuando cambian
los vínculos
cambia el dibujo
y cuando cambian las palabras
que articulan los vínculos,
empujadas por la imaginación,
también cambia
la distancia con lo representado,
esto requiere de tiempo
y de una dedicación común

a pesar de que una conversación
es, antes que nada,

una conversación con uno mismo
se da la paradoja
de que es en ellas
donde uno
descubre lo demás,
estableciendo un pacto,
creándose
a la vez que las crea,
creándole
a la vez que se crean
e igual que el martillo
con sus dos partes
sirve para clavar y desclavar
un clavo,
solo pensamos en ellas
cuando nos separan
y no cuando amplían
el pacto
de nosotros con nosotros
y el mundo,
cuando hacemos
compañía

y estaré equivocado
también
cuando al defender lo obvio
y la ingenuidad
digo que el misterio de las cosas

no es solo las cosas mismas
sino lo que
somos capaces de saber
a partir de ellas,
de inventar,
de experimentar
entre ellas y nosotros

es probable que esté
equivocado
pues todo mi pensamiento
habita con su contrario
y sé que lo que apenas
puedo decir
es una pequeña parte de lo que sé
y que lo que sé
como una persona sola
en más bien nada

sabemos
de lo que son capaces
porque son capaces
de todo,
tantean explicaciones
y sacan punta al lapicero,
saben meternos
en tantos problemas
como de problemas
nos sacan,
nos reconfortan
e incomodan
a partes iguales,
crean el mundo
aunque el mundo exista
sin necesidad de ellas,
son como la niebla,
nos llevan por un camino
que no es recto,
que se ramifica
y se entrecruza
con otros caminos
y yendo por esos caminos
señalan otras rutas
por donde saben
que no nos pueden llevar,

se conocen bien,
saben lo que no pueden ser

¿y si ni los pájaros
ni otras cosas que vuelan
como las libélulas
o estas mariposas amarillas
que se persiguen en pareja
por el jardín
existieran,
hubieran querido,
o siquiera imaginado,
las personas
volar?

de lo más difícil
es crear un mundo
y después de creado
compartirlo,
coger de aquí
y de allá
y de más allá
las visiones de unos
y de otros,
las palabras que
te han llevado más lejos
siendo las más sencillas,
cotidianas,
aquella vivencia
que convertiste en imagen
y la imagen en recuerdo
y el recuerdo
en pensamiento
que tradujiste en palabras
para que alguien
recogiéndolas
realizase un camino
nuevo, quizá inverso,

la yegua salvaje
que te miró a los ojos

esta mañana,
la escrupulosa tarea
de la abeja
que revisa,
varias veces,
cada una de las flores
de este jardín,
la pregunta
que dentro trae otra
pregunta
y dentro de esa otra
pregunta
hay otra
y dentro otra de la otra
y a todas ellas imaginas
medias respuestas
porque otro tipo de respuesta
sería una clase de mentira,

y junto a tus obsesiones
fundar un diccionario
que sin necesidad de consulta
se comprenda
y permita significados
un poco a la ligera,
abrir puertas
que digan participa,
descubrir un lenguaje

hecho de literalidad
y silencios,
y reconocer sus deudas,
saber que nada puede decirse
y aun así intentar contar
una parte de esta nada,
reconocer que el mundo
se aleja
nada más
empezar a nombrarlo,
transformado en concepto
y empujar al concepto
para que se convierta en idea
y la idea en pensamiento
y el pensamiento en imagen
y la imagen en imaginario
y el imaginario en relato
para crear un mundo
o para cambiarlo
o para descubrir la hermosura
sin ser en ningún momento
la hermosura,
señalar,
poner un anillo,
decir sin ser,
decir para ser,
empezar continuamente,
poniendo piedras

unas encima de las otras
en equilibrio precario
para saber por dónde fuiste
y que te sirvan de guía,
salir al aire libre,
ver el mundo
con una lente de metáforas
y hacer que esas metáforas
sean también un mundo,
sorprenderse con los milagros
y saber
que igual que la lluvia
moja la tierra
así hacen descubrimientos
las palabras

olvidé que hay una luz
que sale de dentro
y que las cosas brillan
no porque estén iluminadas,
que también,
sino porque ellas mismas
nos iluminan,
esta palabra, por ejemplo,
no solo ilumina
cuando cojo una vela
y la pongo a su lado
y pasa como pasaba
con los personajes
de los cuadros
en las antiguas iglesias,
sino que ella misma
es un pequeño sol,
y si se va la luz
o me meto en la oscuridad
que me vive dentro
todas las cosas del mundo
siguen estando encendidas,
y me encienden,
y es así porque me hablan
y me hablo yo
a partir de ellas

y me dicen cosas
que por más que luego lo intente
nunca puedo
repetirlas enteras,
solo
susurrar a medias

me gustaría
hacer otras cosas
más parecidas
a las cosas
que me gustan,
me gusta el olor
de una hoja de melisa
y nada de lo que yo hago
se le parece,
los ríos,
un día sin trabajo,
la sensación de una cueva,
de un cielo estrellado
o cuando por fin ves
entre las ramas
al pájaro
que está cantando

el otro día
iba andando
por el parque
y me fijé,
un poco más adelante,
en cómo se movía
un montón
de hojas secas
que estaban
sobre la hierba
a los pies de un árbol,
creo que un castaño,
y cuando me acerqué
salieron volando;

serían pájaros,
dijo el jorobadito
con los dedos llenos
de salsa de tomate

durante gran parte
de su vida
se ha dedicado
a escribir el cantar
de los pájaros,
más que anotar pulsos
largos
y cortos,
sus cuadernos se parecen
a un gesto,
redacta largas leyendas
para descifrar sus notas
o para que,
cuando ella no esté,
otros puedan hacerlo;
a pesar de su minuciosidad,
de la hermosura
de los dibujos,
nada en sus apuntes canta,
aunque
si te quedas mirándolos
durante un rato
se escucha
lo que a cada uno
le susurran

si al pájaro
lo encierras,
dijo moviendo
el pequeño cerrojo
que mantenía
cerrada la puerta
de la jaula,
ya no es pájaro
del todo,
viene cuando quiere,
canta cuando quiere,
si intentas cogerlo
vuela,
tiene miedo de ti,
no lo olvides;
el petirrojo salió volando
por la cocina
y ella fue a abrir la ventana,
ponle grano,
ten paciencia,
el pájaro es pájaro
porque es nube
igual que la palabra

decir que es como
una falange del dedo meñique
sería exagerar
pues el pájaro es todavía
más pequeño,
con su pico, sus plumas,
sus dos alas, redondito,
aún no sé
cómo fui capaz de verlo,
pero menos mal que lo hice
y no cerré el libro
porque de seguro
lo hubiera aplastado,
parece que le gusta esto,
lleva unos días instalado
en la barra corta de la t
de la palabra letra,
¿lo ves?,
cuando canta,
en el valle, las amapolas
se vuelven rojas

sobre una mesa
los médicos
abrieron su cuerpo
y metieron dentro
pájaros vivos,
veintisiete
pájaros pequeños
como veintisiete
pequeñas letras,
dentro de su cuerpo,
en su humedad,
jaula que abre cantando

¿qué es lo que quieres?

quiero abrir mi pecho
con un cuchillo
y meter dentro de mí
las cosas de la tierra;

pero eso no es posible;

quiero que la agitación
que me posee
sea calma y limpieza
de mí para todos;

pero eso es imposible;

quiero llegar a ti
como un animal
y que la caricia de tu lectura
me acaricie

estaba escribiendo
y se rompió la punta del lápiz
y vio la mina puntiaguda
sobre el papel,
la cogió entre el índice
y el pulgar,
medio centímetro,
a ojo,
y se preguntó
si ahí ya estaría,
en ese trocito
duro y gris,
todo lo que iba a escribir,
si lo único que
como el escultor
podía hacer
era desgastarla
para decir
lo que en ella
ya estaba dicho,
si escribir solo era
transformar una materia
en otra materia
con ayuda de la fricción,
similar a lijar una madera,
y luego vio el borrón

que había dejado
en el papel
la mina al partirse,
y le pareció
que todo eso
no estaba mal,
entonces intentó
volver a poner
la punta en el lapicero
y seguir escribiendo,
tambaleándose

en otra ocasión
le reprocharon al escultor
que toda su obra
fuese igual
y, año tras año,
cuando los invitaba al taller,
resultaban igual
de monótonas y aburridas
la serie de peanas blancas
que les enseñaba,
todas iguales,
sin nada encima,
y el escultor les dijo,
mientras les servía un café
infusionado en frío,
esta se llama
montaña,
aquella río,
esta otra homenaje,
esta también montaña,
son todas diferentes,
¿no lo veis?

suspira la fotógrafa
que lleva días,
semanas,
yendo al mismo lugar,
a horas diferentes,
para sacar
la foto
que tiene en su cabeza;
¿quién pudiera
controlar al sol?,
y pasa una nube
y dentro de la nube
un pájaro
y dentro del pájaro
una nota
en la que puede leerse,
tú,
esperando

sigo creyendo,
aunque todas las señales
me desdigan,
en resolver el misterio
que creó el lenguaje
con la propia fuerza
del lenguaje,
pensó la niña
mientras daba la vuelta a las piedras
para mirar insectos,
tornillo que gira sobre sí mismo
sin conseguir
entrar ni salir

no por mí
sino por lo que en mí
dejaron otros,
comentó la profesora
de lengua
que tenía detrás suyo
una montaña
de gurruños
saliendo de la papelera,
es que veo
las hojas jóvenes
del nogal
atravesadas por el sol
de abril
y sé que es literatura
cuanto veo

sencilleces,
anotaciones breves,
nada más que eso,
pero también
agujeritos
por lo que se puede entrar,
ir a su revés,
darles un cuerpo,
completarlas contigo

en el pantano,
entrada la medianoche,
con las carpas
entregadas a las carpas,
piensa,
nada sucede
en el mundo sin mí;
ahora bien,
tampoco sucede para él;
es más,
se reafirma
mientras pringa una galleta
en el agua tibia
del pantano,
nada sucede en el mundo
sin mí ni para mí;
es la necesidad
de lo naturalmente
innecesario,
ocurre que caen rodando
algunas piedras
y vuela el viento chisposo
de las brujas,
es el mundo
una sopa de anguilas,
algo fría

la luna está jugosa
esta noche,
está allí
porque cada noche
va hasta allí,
a la orilla del pantano,
para quitarse
el miedo

espera
respira

¿en qué piensan
las otras cosas?,
se pregunta

en los viajes
entre la palabra y la carne
la tarea del amor
es crear vocabulario

bajo la lengua
tengo
otra lengua
por debajo,
están las dos unidas
por la base,
como cuando con dos dedos
formas un pico,
una de ellas es mía,
gracias a la otra
estoy hablando

dulce acidez
tiene en su interior
el color de la piel
de la mandarina
o decir en voz alta
huele como esta mano
toca
o sabe como le sabe
el diente a la lengua,
pensó
sentada en la última fila
con las gafas de sol
aún puestas,
así va dejando
la palabra
su pelusilla

cogió
un pirulí
que acababa de caerse
del tejado
y lo apretó
hasta que su mano
se puso de color lila,
antes de deshacerse,
cuando no aguantaba más,
lo tiró al suelo,
su mano estaba fría,
dolorida,
con un latido lento,
y entonces pensó
que igual debía irse
la escritura,
dejando
su presencia
así

¿esto es un libro?
sí, respondió,
es un libro;
pero no has escrito
nada en él,
deberías llamarlo cuaderno;
pero es un libro
y está escrito,
cada una de sus páginas
está pintada
con un polvillo blanco,
una cal,
para que cuando lo leas
se quede la escritura
en la yema
de tus dedos,
y pueda quemar,
y la lleves contigo
de paseo,
es un libro
y tiene palabras
larvas
que dejan su cuerpo
en el tuyo,
murmuró el profesor
dejando caer

el diccionario al suelo,
cansado ya
de hacer malabares
con el libro
en su cabeza

pequeñas mosquitas
moviéndoos en círculos
por la cocina,
¿qué hacéis?,
¿de dónde salís?
¿nos parecemos vosotras
y yo en algo,
tan insignificantes
vosotras volando
y yo aquí,
sentado,
intentando escribir?

que el sol
sea la primera palabra
y al encerrar
una piedra
en mi mano
deje en mí su molde,
que al coger
un puñado de barro
haga yo su doble
y que el sol lo seque
y lo cueza,
que tirando
la piedra y su doble
al río,
y dejando pasar
algunos días,
sepa que lo que hago
nada dura

la casa está limpia
y entra el aire fresco
por las ventanas abiertas,
miro mis manos
y me cuento los dedos,
son diez,
en la cara parece
que todo está
en su sitio,
nariz, boca, orejas,
me pellizco,
parece que la realidad,
por momentos,
aprendió
a ser otra cosa

guau

prueba de silencio

Vale. Recogemos todo y nos vamos. ¿Vale?

Ey,
esta
primera
edición
de
*Una
clase
de
escritura*
de
Javier
Hernando
terminó
de
imprimirse
mientras
el
autor
enseñaba
en
la
escuela
un
día
como
hoy.